AF143407

BEI GRIN MACHT SICH IHR
WISSEN BEZAHLT

- Wir veröffentlichen Ihre Hausarbeit,
  Bachelor- und Masterarbeit

- Ihr eigenes eBook und Buch -
  weltweit in allen wichtigen Shops

- Verdienen Sie an jedem Verkauf

Jetzt bei www.GRIN.com hochladen
und kostenlos publizieren

Strategiebericht eines BGM-Dienstleisters mit Spezialisierung auf KMU

Felicia Ripsam

Bibliografische Information der Deutschen Nationalbibliothek:

Die Deutsche Nationalbibliothek verzeichnet diese Publikation in der Deutschen Nationalbibliografie; detaillierte bibliografische Daten sind im Internet über http://dnb.d-nb.de abrufbar.

ISBN: 9783346445803
Dieses Buch ist auch als E-Book erhältlich.

© GRIN Publishing GmbH
Nymphenburger Straße 86
80636 München

Druck und Bindung: Books on Demand GmbH, Norderstedt Germany
Gedruckt auf säurefreiem Papier aus verantwortungsvollen Quellen

Das vorliegende Werk wurde sorgfältig erarbeitet. Dennoch übernehmen Autoren und Verlag für die Richtigkeit von Angaben, Hinweisen, Links und Ratschlägen sowie eventuelle Druckfehler keine Haftung.

Das Buch bei GRIN: https://www.grin.com/document/1030736

Deutsche Hochschule für
Prävention und Gesundheitsmanagement
Hermann Neuberger Sportschule 3
66123 Saarbrücken

Hausarbeit (kollektive Prüfungsleistung)

Name, Vorname	Ripsam, Felicia
Modul	Strategische Unternehmensführung I
Studiengang	Prävention und Gesundheitsmanagement
Datum Präsenzphase	14.10.2019 – 17.10.2019
Studienort	Saarbrücken
Gruppe bzw. zu bearbei-tende Stadt	Bonn
Unternehmenstyp*	**BGM-Dienstleister**

* abhängig von Aufgabenstellung: jeweils den zu bearbeitenden „Unternehmenstyp" eintragen

Inhaltsverzeichnis

1 Darstellung der Ausgangssituation

„Jede zweite Person in Deutschland ist heute älter als 45 und jede fünfte Person älter als 66 Jahre" (Statistisches Bundesamt, 2019a). Während im Jahr 1997 das Durchschnittsalter von Erwerbstätigen bei 40 Jahren lag, ist es bis 2017 schon auf 44 Jahre gestiegen (Statistisches Bundesamt, 2019b). Der demografische Wandel in Deutschland hat zur Folge, dass der Altersdurchschnitt in den nächsten Jahren weiterhin ansteigen wird. Ältere Menschen besitzen nicht nur ein hohes individuelles Krankheitsrisiko, auch das gleichzeitige Auftreten mehrerer chronischer Krankheiten, die sogenannte Multimorbidität, steigt mit zunehmenden Alter (Robert Koch-Institut, 2019). Gesunde und leistungsfähige Mitarbeiter bilden jedoch die Grundlage, um ein Unternehmen dauerhaft erfolgreich und wettbewerbsfähig zu machen. Deshalb versuchen jetzt schon viele Firmen mit präventiven Maßnahmen dieser Entwicklung entgegenzuwirken. Dies bietet vorallem den BGM-Dienstleistern die Chance sich erfolgreich auf dem Markt zu etablieren (Bundesministerium für Gesundheit, 2016). In dieser Hausarbeit wird der BGM-Dienstleister „Gesunde KMU" vorgestellt, der sich auf kleine und mittlere Unternehmen (KMU) spezialisiert hat.

1.1 Wahl des Standortes

„Gesunde KMU" befindet sich im Stadtteil Dransdorf in Bonn-West. Das Gewerbegebiet ist aufgrund seiner Größe und Erreichbarkeit ein dynamischer Wirtschaftsstandort. Dransdorf ist ein Ortsteil im Nord- westen der Bundesstadt Bonn mit rund 5000 Einwohnern und hat eine sehr gute infra- strukturelle Anbindung an das öffentliche Nahverkehrsnetz der Stadt (Immobilien Scout GmbH, 2019). Insgesamt zählt Bonn 330.224 Einwohnerinnen und Einwohner (Bundesstadt Bonn, 2019a) und das Durchschnittsalter liegt bei 41,2 Jahren (General- Anzeiger Bonn GmbH, 2017). Die Bundesagentur für Arbeit (2019) verzeichnet im Oktober 2019 insgesamt 26.386 Arbeitslose und somit eine Quote von 5,3%. Im Jahr 2016 haben 99,4% aller Betriebe in Bonn weniger als 250 Beschäftigte und in diesen 15.550 Betrieben werden 89.658 Personen beschäftigt (Bundesstadt Bonn, 2019b). Zudem befindet sich kein weiterer Unternehmenstyp im Umkreis von 2 Kilometern, daher entfällt der Vermerk auf der Karte.

Anmerkung der Redaktion: Diese Abbildung wurde aus urheberrechtlichen Gründen entfernt.

Abb. 1: Standort „Gesunde KMU“ Maßstab 1:200 (erstellt mit Google Maps)

1.2 Beschreibung des Unternehmenstyps

Unabhängig von der geringen Beschäftigtenzahl haben auch kleine und mittlere Unternehmen (KMU) mit den Problemen des demografischen Wandels zu kämpfen. Jedoch fehlt es ihnen oftmals an personellen und finanziellen Ressourcen, um die Themen wie Arbeitsschutz und Gesundheitsförderung in der gesetzlich geforderten Weise umzusetzen. Die Organisation eines Betrieblichen Gesundheitsmanagement muss daher durch die Unterstützung externer Akteure erfolgen (Brinkmann, 2015). „Gesunde KMU“ möchte sich erfolgreich als BGM-Dienstleister auf dem Markt etablieren, indem es die standortbezogenen Gegebenheiten für sich nutzt und sich auf kleine und mittlere Unternehmen spezialisiert.

Gesunde KMU

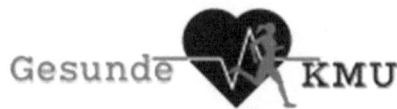

Abb. 2: Firmenlogo (eigene Darstellung)

Die nachfolgende Tabelle zeigt die Geschäftsfelder mit den jeweiligen Dienstleistungen bzw. Produkten des Unternehmens „Gesunde KMU" auf.

Tab. 1: Strategische Geschäftsfelder des Unternehmens „Gesunde KMU" (eigene Darstellung)

Geschäftsfeld	Dienstleistung/ Produkt
Unternehmensanalyse, Strategieformulierung	Bestandsaufnahme des Ist-Zustandes des zu betrachtenden Unternehmens durch verschiedene Analysen: Im ersten Schritt erfolgen Anlaysen des Krankenstandes, der Fehltage, des Altersdurchschnitts und der Fluktuationsquote. Es werden Mitarbeiter- und Führungskräftebefragungen sowie Gefährdungsbeurteilungen psychischer und physischer Belastungen durchgeführt. Darüber hinaus erfolgt eine Analyse der Kantinenverpflegung (falls vorhanden). Danach werden die verschiedenen Analyseergebnisse diskutiert und operative, kennzahlenbasierte Gesundheitsziele festgelegt sowie zielführende und effiziente gesundheitsfördernden Maßnahmen abgeleitet.
Betriebliche Gesundheitsförderung	Fortbildungen zu verschiedenen gesundheitsbezogenen Themen: Gesunde Führung, Resilienz und Stressmanagement. Psychosoziale Beratung in akuten sowie dauerhaften Krisen durch eine kurzfristige Terminvergabe bei einem kooperierendem psychologischen Psychotherapeuten: Da die Wartezeiten auf einen Sprechstundentermin bei einem Psychotherapeuten meist mehrere Wochen bis Monate in Anspruch nehmen und dies enorm lange Aufallzeiten der Mitarbeiter nach sich ziehen, ist hier schnelle Abhilfe gefragt. „Gesunde KMU" arbeitet eng mit einem psychologischen Psychotherapeut zusammen, welcher in aktuen Kisensituationen zur Verfügung steht und Termine binnen wenigen Tagen anbieten kann. Erstellung eines individuellen Ernährungskonzepts sowie die Integration in einen (stressigen) Berufsalltag. Bei vorhandener Kantine: Überarbeitung des wöchentlichen Speiseplans der Mitarbeiter, denn nicht selten ist das Mittagsangebot im Arbeitsumfeld mit Fast Food Restaurants, einer schlechten Kantine oder einem Metzger um die Ecke, alles andere als optimal. Die Folge ist das bekannte „Nachmittagstief" sowie Konzentrationsprobleme. Kooperierende Fitnessstudios sowie ortsansässige Sportvereine: Die Mitarbeiter von den zu betreuenden Unternehmen erhalten exklusive Rabatte auf eine Mitgliedschaft in den Fitnesstudios McFit, clever fit oder Fitness First in Bonn. Darüber hinaus besitzt „Gesunde KMU" eine Kooperation mit dem Stadtsportbund Bonn e.V., sodass auch hier die Mitarbeiter bei einem Beitritt in einen Sportverein von exklusiven Preisnachlässen profitieren. Mobiles betriebliches Gesundheitsmanagement: Durch die Entwicklung einer App sind verschiedene Anwendungen für Zuhause oder unterwegs möglich, wie gesunde Rezepte zum nachkochen oder verschiedene Sportübungen.
Arbeitsmedizin	Arbeitsmedizinische Untersuchungen und Vorsorge Check-up's nach staatlichen Rechtsvorschriften: Kooperation mit einem Betriebsmediziner, der in das zu betreuende Unternehmen fährt und die gewünschten Vorsorgeuntersuchungen an den Mitarbeitern durchführt. Es werden unterschiedliche Parameter der körperlichen und psychischen Gesundheit getestet. Die Teilnehmer

	können somit auf ganz konkrete gesundheitliche Risikofaktoren aufmerksam gemacht und somit für ihre eigene Gesundheit stärker sensibilisiert werden.
Arbeitsschutz	Gefährdungsbeurteilung psychische und physische Belastungen: Unterstützung bei der Beurteilung von Arbeitsbedingungen hinsichtlich Arbeitssicherheit, Gefährdungen und Belastungen sowie regelmäßige Betriebsbegehungen und Planung von Arbeitsschutzmaßnahmen durch eine Fachkraft für Arbeitssicherheit und den kooperierenden Betriebsarzt.
Betriebliches Eingliederungsmanagement	Betreuung durch einen erfahrenen BEM-Fallmanager: Durch eine Kooperation mit einem Spezialisten wird vorallem die Neutralität des BEM-Verfahrens gewährleistet. So kann die Wiedereingliederung im Sinne des Mitarbeiters und des Unternehmens in einem professionellen Rahmen durchgeführt werden. Hierzu setzt „gesunde KMU" einen ausgebildeten Disability Manager ein, der zur Verschwiegenheit über die Inhalte der BEM-Gespräche verpflichtet ist.

2 Phasen der strategischen Zielplanung

2.1 Unternehmerische Vision/ Mission/ Grundwerte

Tab. 2: Vision, Mission und Grundwerte von „Gesunde KMU" (eigene Darstellung)

Aspekte	Beschreibung	Begründung
Vision	Mit „Gesunde KMU" bleibt Ihre Belegschaft gesund und ihr Unternehmen damit langfristig erfolgreich, denn nur ein gesundes Unternehmen kann sich dauerhaft am Markt behaupten.	Die Unternehmensvision soll von Vorgesetzten mit großem Engagement und großer Überzeugungskraft innerhalb des Unternehmens gelebt werden. An ihr richtet sich die Unternehmensstrategie aus.
Mission	Wir möchten die Unternehmen in Bonn mit unseren Dienstleistungsangeboten dabei unterstützen das Thema Gesundheit in den Betrieb zu integrieren, um deren Unternehmenserfolg mit einer gesunden Belegschaft langfristig zu sichern. Deshalb haben wir uns auf kleine und mittlere Unternehmen spezialisiert, um einen hohen Qualitätsstandard zu gewährleisten.	Durch die Mission soll die Vision erreicht werden, in ihr steckt der „Fahrplan" zur Erreichung der gesteckten Ziele. Um zielgerichtet arbeiten zu können werden alle Mitarbeiter von „Gesunde KMU" intensiv über diese Mission geschult.
Grundwerte	Gesundheit Verlässlichkeit Schnelle Handlungsfähigkeit Flexibilität Klare Strukturen	Gesundheit wird im Unternehmen sowie nach außen aktiv gelebt: Die Führungskräfte gehen als Beispiel vorraus und integrieren das Thema Gesundheit nachhaltig in alle Unternehmensabläufe. „Gesunde KMU" schafft außerdem eine hohe Transparenz zu den Kunden, indem ein gesundheitsbewusster Lebensstil auch Ihnen gegenüber gelebt wird.

		Die Zuverlässigkeit gegenüber Kunden hat höchste Priorität, denn Zuverlässigkeit vermittelt Sicherheit und Vertrauen, welches „Gesunde KMU" ihren Kunden schenken möchte. „Gesunde KMU" erwartet schnelle Handlungsfähigkeit und Flexibilität von ihren Mitarbeitern, um unerwartenden Ereignissen schnell entgegen wirken zu können.

2.2 Strategische Zielplanung

Entsprechend der zuvor formulierten Unternehmensvission, -misson und den Grundwerten werden die folgenden vier Unternehmensziele abgeleitet:

1. In den nächsten fünf Jahren sollen in 100 kleinen und mittleren Unternehmen mindestens eine Dienstleistung durchgeführt werden.
2. Langfristig sollen mindestens fünfzehn Unternehmen dauerhaft (fester Kundenstamm) beraten werden.
3. In den nächsten drei Jahren soll das derzeitige Personal um mindestens 50% aufgestockt werden.
4. In den nächsten drei Jahren soll das Bundesministerium für Gesundheit mit Sitz in Bonn für jährliche Subventionen gewonnen werden.

2.3 Branchenvergleich

In Bonn befinden sich weitere Dienstleister für betriebliches Gesundheitsmanagement, wie beispielsweise die „B·A·D Gesundheitsvorsorge und Sicherheitstechnik GmbH". Diese besitzt zwar eine ähnliche Vision, indem sie Kompetenzen auf dem Gebiet der Gesundheitsvorsorge und dem Arbeitsschutz vermitteln, sowie sichere und gesunde Arbeitsplätze schaffen möchte, jedoch unterscheidet sich diese Firma zu der Mission von „Gesunde KMU": Da die „B·A·D Gesundheitsvorsorge und Sicherheitstechnik GmbH"deutschlandweit agiert, ist sie nicht auf eine Stadt und nicht auf eine Unternehmensgröße spezialisiert wie das Unternehmen „Gesunde KMU", nämlich auf kleine und mittlere Unternehmen. Ihr Konzept ist an jeden Standorten gleich, unabhängig von der Stadt in der sie sich befindet. „Gesunde KMU" ist jedoch genau auf die Stadt Bonn spezialisiert und nutzt alle verfügbaren, standortbezogenen Ressourcen und integriert diese nachhaltig in ihre Unternehmensstrategie. Das gesamte Potenzial dieser Stadt wird ausgeschöpft somit kann „Gesunde KMU" sich langfristig am Markt behaupten. Die Vorteile wie Kooperationen mit Fitnessstudios und den städischen Sportvereinen nutzt „Gesunde KMU" hier optimal. Grundwerte sind bei der Firma „B·A·D Gesundheitsvorsorge und Sicherheitstechnik GmbH" nicht zu erkennen, außerdem bieten sie keine Ernährungsberatung an. Ein weiterer BGM-Dienstleister in Bonn ist die „SKOLAWORK GmbH & Co. KG", deren Mission lautet: „Größtmöglicher Unternehmenserfolg durch gesunde Mitarbeiter in gesunden Unternehmen und Organisationen!". Auch hier wird der Unternehmenserfolg durch ein gesundes Unternehmen erwähnt und gleicht somit teilweise der Mission von „Gesunde KMU". Jedoch fehlt auch hier eine Spezialisierung sowie die Nutzung der städtischen Ressourcen von Bonn (Kooperationen mit den in Bonn befindlichen Fitnessstudios sowie Sportvereinen). Eine Vision sowie die Grundwerte des Unternehmens sind auf der Homepage nicht zu erkennen. Die „Betriebliche Gesundheitsförderung Bonn" von Sabine Materlik bietet kein BGM als Ganzes an, sondern nur die betriebliche Gesundheitsförderung, weshalb sie nicht als direkter Wettbewerber gesehen werden kann. „Ge.on Betriebliches Gesundheitsmanagement GmbH" ist spezialisiert auf psychotherapeutische Behandlungen und bietet somit wie die „Betriebliche Gesundheitsförderung Bonn" von Sabine Materlik nicht das ganze Spektrum eines betrieblichen Gesundheitsmanagements an.

3 Phase der strategischen Analyse und Prognose

3.1 Branchenstrukturanalyse

Tab. 3: Branchenstrukturanalyse anhand des Five-Forces Modell (eigene Darstellung)

Elemente der Five-Forces	Inhalte	Begründung
Potenzielle Konkurrenten	BGM-Dienstleister, BGF-Dienstleister, BEM-Dienstleister, Ernährungspraxen, Physiotherapeuten, Psychotherapeuten, Gesundheitszentren	BGM-Dienstleister in Bonn, die bisher noch keine ortsgebundenen BGM-Maßnahmen spezifisch für KMU's angeboten haben, könnten auch diesen Markt für sich erschließen. Auf dem Dienstleistungsmarkt gibt es weitere zahlreiche Anbieter im Gesundheitsbereich, wie Ernährungspraxen, Gesundheitszentren, BGF- oder BEM- Dienstleister, die jederzeit Expandieren können. Durch den steigenden

8

		Trend zum Thema „Gesundheit" könnten andere Gesundheitsdienstleister Ihr Angebot erweitern und somit als potenzielle Konkurrenten in den Markt eintreten.
Lieferanten	IT-Firma zur Unterstützung der App Büromaterial	Die Lieferanten besitzen keinen großen Einfluss auf das Unternehmen, da es sich hier um die Wissensvermittlung handelt und „Gesunde KMU" von keinem spezifischen Produkt abhängig ist.
Ersatzprodukte	App's bzw. Online-Angebote	In den einzelnen Bereichen gibt es durch die Digitalisierung zwar auch online Angebote zum Beispiel im Thema Erährung, jedoch fehlt hierbei die intensive direkte und persönliche Betreuung, so werden zwar Ernährungsprogramme erstellt, die Überprüfung der Qualität bleibt aber aus.
Kunden	Kleine und mittlere Unternehmen	Die Kunden haben einen starken Einfluss aufgrund der Verhandlungsmacht, sowie der Vielzahl von Alternativen bzw. der Konkurrenz. Da auch andere Gesundheitsdienstleister tief im Markt verwurzelt sind, ist ein Versuch zu verhandeln seitens der Kunden nicht unwahrscheinlich.
Wettbewerber in der Branche	Neugründungen von BGM-Dienstleistern mit Spezialisierung auf KMU	Durch die steigende Senisbilisierung zum Thema Gesundheit und durch die Erkenntnis das nur gesunde Mitarbeiter langfristig den Erfolg des Unternehmens sichern, wächst die Zahl an Anbietern immer mehr. Da es dieses Angebot im BGM-Dienstleisterbereich in Bonn noch nicht gibt, ist eine Bedrohung durch direkte Mitbewerber eher gering. Jedoch ist im Zeitalter der modernen Technik die günstigere Konkurrenz schnell gefunden.

3.2 SWOT-Analyse

Tab. 4: SWOT-Analyse von „Gesunde KMU" (eigene Darstellung)

SWOT-Matrix	Chancen:	Risiken:
	- Demographischer Wandel - Wachsender Präventionsgedanke vorallem in Unternehmen - Ein integriertes BGM können sich nur große Unternehmen leisten, nicht kleine KMU - Verständnis das der Unternehmenserfolg mit der Gesundheit der Mitarbeitenden zusammen hängt - Verknappung des Arbeitskräfteangebots - Staatliche Bezuschussung für Präventionsmaßnahmen	- Viele Wettbewerber mit ähnlichem Angebot - Viele oftmals kostengünstigere digitale Ersatzprodukte - Vermehrt finanzierte Gesundheitsangebote der Krankenkassen - Starke Konkurrenz
Stärken: - Qualifiziertes Personal - Spezialisierung auf die Stadt Bonn - Breites Angebotsspektrum - Begleitung des Programms durch eigene App - Intensive Kundenbetreuung durch eine maßgeschneiderte Hands-on Beratung - Spezialisierung auf KMU	- Kooperationen mit den ortsansässigen Sportvereinen und Fitnessstudios weiter ausbauen - Die Spezialisierung auf KMU und den Vorteil nutzen, dass 99,4% aller Betriebe in Bonn KMU sind (Bundesstadt Bonn, 2019b) und gezielte Akquise bei den KMU in Bonn betreiben	- Image-Kampagne zur Bewerbung der App als „mobiles" BGM - Durch das qualifizierte Personal, sowie die individuelle Betreuung jedes Kunden, hebt sich „Gesunde KMU" von der Konkurrenz ab
Schwächen: - Bisher wenig Mitarbeiter - Bisher geringer Kundenstamm - Unbekanntes Unternehmen - Zeit- und kostenintensive Angebote - Externe Mitarbeiter können plötzlich wegbrechen und somit auch eine Einnahmequelle	- Ausbau des Marketings mit Bewerbung für Kunden zur Erweiterung des Kundenstammes - Abbau von zu zeit- und kostenintensiven Angeboten	- Vertragliche Bindung externer Mitarbeiter durch exklusive Mitarbeiterangebote, damit sie nicht zur Konkurrenz gehen - Aufbau der Vernetzung mit weiteren externen Mitarbeitern, zur Erhöhung der Bekanntheit

3.3 Zielplanung

Aufgrund der durchgeführten Analysen wird nun beurteilt, ob die dargestellte Zielplanung weiterhin als realistisch erscheint oder ob Anpassungen vorzunehmen sind. Das erste Ziel „In den nächsten fünf Jahren sollen in 100 kleinen und mittleren Unternehmen mindestens eine Dienstleistung durchgeführt werden" ist weiterhin absolut realistisch, da durch die Spezialisierung auf kleine und mittlere Unternehmen eine breite Masse der Betriebe in Bonn angesprochen wird und gleichzeitig gegenüber dem Kunden ein hoher Qualitätsstandard garaniert wird. Nicht nur durch die Spezialisierung auf KMU, sondern auch auf die Stadt Bonn und die dort vorhandenen Sportvereine und Fitnessstudios kreiert ein Alleinstellungsmerkmal. Diese Zielsetzung passt zur S-O-Strategie.

„Langfristig sollen mindestens fünfzehn Unternehmen dauerhaft beraten werden". Diese Zielplanung sollte etwas angepasst werden, da die Konkurrenz auf dem Markt sehr stark ist und günstigere Anbieter im Zeitalter der Digitalisierung schnell gefunden sind. Die „B·A·D Gesundheitsvorsorge und Sicherheitstechnik GmbH" ist ein deutschlanweit agierender Anbieter von Gesundheitsleistungen und tief im Markt verwurzelt. Langfristig sollten daher sechs bis acht Betriebe statt den geplanten fünfzehn kontinuierlich beraten werden.

„In den nächsten drei Jahren soll das derzeitige Personal um mindestens 50% auf-gestockt werden." Dieses Ziel bleibt weiterhin realistisch, da „Gesunde KMU" durch eine schnelle Expansion mehr Personal in Anspruch nehmen muss.

„In den nächsten drei Jahren soll das Bundesministerium für Gesundheit (BMG) mit Sitz in Bonn für jährliche Subventionen gewonnen werden." Das BMG für jährliche Subventionen für sich zu gewinnen würde das Gesamtbild der Unternehmensstrategie zusätzlich abrunden und damit den schnellen Wachstum des Unternehmens sichern. Da „Gesunde KMU" eine solide Unternehmensstrategie aufweist, ist auch diese Ziel, das Bundesministerium für sich zu gewinnen, weiterhin realistisch.

4 Phase der Strategieformulierung

4.1 Strategieformulierung

Im Anschluss an die im Voraus durchgeführten Analysen folgt nun die Strategieformulierung. Es sollen die Stärken gezielt eingesetzt werden, um den Chancen und Risiken der

Umwelt zu begegnen und somit eine wertschaffende Strategie für die Gesamtheit der unterschiedlichen Geschäftseinheiten zu erstellen. Jetzt gilt es festzulegen, wie sich das Unternehmen entwickeln soll und auf welche Art und Weise bestimmte Wettbewerbspositionen erreicht beziehungsweise erhalten werden sollen (Venzin et al.;2010, S.54 f.) Das Unternehmen „Gesunde KMU's" ist erst vor kurzem auf den Markt eingetreten, weshalb die Wachstumsstrategie angestrebt wird. Die Zielsetzung liegt hier in der Verbesserung der Wettbewerbspositionen und die Gewinnung neuer Marktanteile. Die Vier-Felder-Matrix von Ansoff zeigt zahlreiche Möglichkeiten des Wachstums auf, der Fokus liegt hier auf vier Primärstrategien. Diese Strategien werden auch als Produkt-Markt-Kombinationen bezeichnet (Becker, 2011, S. 122). Die angestrebte Strategie von „Gesunde Kmu's" ist die der Marktdurchdringung: Die Gewinnung von Marktanteilen mit bereits bestehenden Produkten. Durch die Spezialisierung auf die Stadt Bonn sowie die maximale Ausschöpfung der standortbezogenen Ressourcen durch vielfältige Kooperationen mit den ortsansässigen Fitnessstudios und Sportvereinen schafft „Gesunde KMU" ein Alleinstellungsmerkmal und hebt sich somit von der Konkurrenz ab. Auf der Ebene des Geschäftsbereichs positioniert sich „Gesunde KMU" im Bereich der Differenzierungsstrategie: Durch das zuvor beschriebene Alleinstellungsmerkmal hebt sich „Gesunde KMU" von den Mitbewerbern ab und gleichzeitig wird der Wiedererkennungswert gesichert.

4.2 Blue Ocean Strategie

„Gesunde KMU" möchte durch die begleitende App für die Mitarbeiter ein mobiles Gesundheitsmanagement erschaffen: Auf dieser App finden die Mitarbeiter zu jedem Handlungsfeld des BGM verschiedene Anwendungen für Zuhause oder unterwegs: Jeder Mitarbeiter kann sich hier registrieren und seinen individuellen Account anlegen, indem alle persönlichen Daten gespeichert werden, natürlich nach den gesetzlichen Datenschutzbestimmungen. Im Bereich Ernährung werden gesunde Rezepte angeboten, die die Mitarbeiter daheim nachkochen können und individuelle Lieblingsrezepte im eigenen Account ablegen können. Desweiteren wird in diesem Bereich ein Kalorienzähler angeboten sowie ein Diätassistent zur Berechnung des BMI und der Gewichtskontrolle.
Im Bereich Fitness wird ein Schrittzähler angeboten, Fitnessübungen im Allgemein sowie bei akuten Rückenschmerzen durch langes Sitzen, Yogaübungen und individuelle Trainingspläne.

Desweiteren bietet die App ein breites Spektrum an Entspannungsübungen zum Stressabbau, autogenes Training sowie eine Notfallhotline bei akuten psychischen Problemen an. Für Führungskräfte sind auch die Fortbildungsangebote zum Thema „Gesundes Führen", auf der App enthalten.

Mit dieser Strategie, ein mobiles betriebliches Gesundheitsmanagement in das Dienstleistungsangebot zu integrieren wird ein Blue Ocean geschaffen und damit ein dauerhaft profitables Geschäftsmodell. Desweiteren wird „Gesunde KMU" dem Trend der Zeit gerecht, denn die zunehmende Digitalisierung nimmt in der Arbeitswelt einen immer wichtigeren Stellenwert ein. „Gesunde KMU" versteht sich somit als innovatives und modernes Unternehmen.

5 Personalmanagement

5.1 Führungsverhalten

Die Führungskraft sollte eine Vorbildfunktion für die Mitarbeiter sein und vorallem die Grundwerte des Unternehmens vertreten und deshalb selbst einen gesunden Lebensstil pflegen. Aufgrund der Tatsache, dass „Gesunde KMU" ein BGM-Dienstleister ist, der mit seinen Dienstleistungsangeboten einzigartig in Bonn ist, sollte die Führungskraft außerdem einen visionären Stil aufweisen um nicht nur die Mitarbeiter, sondern auch die Kunden von der einzigartigen Vision zu überzeugen. Zudem sollte die Führungskraft gerade zu Beginn der Unternehmensentwicklung bzw. in der Wachstumsstrategie einen partizipativen Führungsstil leben, da das Unternehmen hierdurch von dem Fachwissen und der Erfahrung der gut ausgebildeten Mitarbeiter, die zu Beginn eingestellt wurden, profitieren kann. Mitarbeiter lernen zudem Verantwortung zu übernehmen sowie ziel- und kostenbewusst zu handeln und sie werden von Anfang an in das Unternehmen voll integriert.

Die Führungskraft sollte bezogen auf die Persönlichkeitsmerkmale den Ehrgeiz auf das Unternehmen, deren Expansion und Bekanntheit widmen. Im Hinblick auf die externen Mitarbeiter sollte ein gewisses Maß an emotionaler Intelligenz vorhanden sein und besonders großen Wert auf Ehrlichkeit und Loyalität gesetzt werden. Gerade zu Beginn in der Phase der Etablierung sollte Durchhaltevermögen und damit eine emotionale Selbstkontrolle vorhanden sein, um das Ziel nicht aus den Augen zu verlieren. Abschließend sollte die Führungskraft für einen engen Zusammenhalt im Team sorgen und die Fähigkeit besitzen jeden Mitarbeiter ins Team zu integrieren um langfristig den Teamgeist zu steigern.

5.2 Recruting

Zunächst wird eine detaillierte Stellenausschreibung sowie ein Anforderungsprofil erstellt. Hier werden die benötigten Eigenschaften aufgezählt, sodass Bewerber die den Anforderungen und Eigenschaften nicht entsprechen, direkt selektiert werden. Darüber hinaus wird sich der Methode des Social Media Recruiting und Active Sourcing bedient, indem Profile in sozialen Netzwerken wie XING oder LinkedIn durchsucht werden um die Wunschkandidaten anzuziehen, bevor sie von der Konkurrenz entdeckt werden und um den Recruitingprozess effizienter zu gestalten. Als nächster Schritt folgt das persönliche Bewerbungsgespräch. Hier können die Merkmale sowie zwischenmenschliche Kompetenzen direkt überprüft werden. Nach dieser zweiten Selektion erfolgt ein Asseessment-Center zur Prüfung von bestimmten Kompetenzen (fachlich, sozial usw.) sowie der Stressresistenz.

6 Literaturverzeichnis

Becker, F. G. (2011). *Strategische Unternehmensführung. Eine Einführung; mit zahlreichen Aufgaben und Lösungen* (4. Neu bearb. Aufl.). Berlin: E.Schmidt

Brinkmann, H.-D. (2015). *Woran das BGM oft scheitert*. Zugriff am 02.11.2019. Verfügbar unter https://www.humanresourcesmanager.de/news/woran-das-bgm-oft-scheitert.html

Bundesagentur für Arbeit. (2019). *Arbeitsmarkt im Überblick - Berichtsmonat Oktober 2019*. Zugriff am 15.11.2019. Verfügbar unter https://statistik.arbeitsagentur.de/Navigation/Statistik/Statistik-nach-Regionen/BA-Gebietsstruktur/Nordrhein-Westfalen/Bonn-Nav.html

Bundesministerium für Gesundheit. (2016). *Unternehmen unternehmen Gesundheit*. Zugriff am 06.11.2019. Verfügbar unter https://www.bundesgesundheitsministerium.de/themen/praevention/betriebliche-gesundheitsfoerderung/unternehmen-unternehmen-gesundheit.html

Bundesstadt Bonn. (2019a). *Bonn in Zahlen*. Zugriff am 17.11.2019. Verfügbar unter https://www.bonn.de/service-bieten/aktuelles-zahlen-fakten/bonn-in-zahlen.php

Bundesstadt Bonn. (2019b). *Bonn ist dienstleistungsstark*. Zugriff am 20.11.2019. Verfügbar unter https://www.bonn.de/themen-entdecken/wirtschaft-wissenschaft/bonn-ist-dienstleistungsstark.php

General-Anzeiger Bonn GmbH. (2017). *Bonn ist jünger als Berlin*. Zugriff am 05.11.2019. Verfügbar unter https://www.general-anzeiger-bonn.de/bonn/stadt-bonn/bonn-ist-juenger-als-berlin_aid-43362151

Immobilien Scout GmbH. (2019). *So lebt es sich in Dransdorf. Dransdorf: Ein Stadtteil mit Potenzial*. Zugriff am 25.11.2019. Verfügbar unter https://www.immobilienscout24.de/wohnen/nordrhein-westfalen,bonn,dransdorf.html

Robert Koch-Institut. (2019). *Demografischer Wandel*. Zugriff am 11.11.2019. Verfügbar unter https://www.rki.de/DE/Content/Gesundheitsmonitoring/Themen/Demografischer_Wandel/Demografischer_Wandel_node.html

Schaefer E, Drexler H, Kiesel J: *Betriebliche Gesundheitsförderung in kleinen, mittleren und großen Unternehmen des Gesundheitssektors – Häufigkeit, Handlungsgründe der Unternehmensleitungen und Hürden der Realisierung*. Gesundheitswesen 2016; 78: 161–165.

Schröder, A. (2019). *Vision, Mission und Werte.* Zugriff am 15.11.2019. Verfügbar unter
https://axel-schroeder.de/vom-wert-einer-vision/

Statistisches Bundesamt. (2019a). *Mitten im demographischen Wandel.* Zugriff am 26.
10 2019. Verfügbar unter
https://www.destatis.de/DE/Themen/Querschnitt/Demografischer-
Wandel/demografie-mitten-im-wandel.html

Statistisches Bundesamt. (2019b). *Erwerbstätige im Durchschnitt 44 Jahre alt.* Zugriff
am 28.11.2019. Verfügbar unter
https://www.destatis.de/DE/Presse/Pressemitteilungen/2018/11/PD18_448_122.html

Venzin, M., Rasner, C. & Mahnke, V. (2010). *Der Strategieprozess. Praxishandbuch zur
Umsetzung im Unternehmen* (2. erw. Aufl.). Frankfurt am Main: Campus-Verl

7 Abbildungs- und Tabellenverzeichnis

7.1 Abbildungsverzeichnis

7.2 Tabellenverzeichnis